역사 속 충무공 위인 이야기

역사 속 충무공 위인 이야기

발행일   2020년 12월 11일

지은이   조도영
펴낸이   손형국
펴낸곳   (주)북랩
편집인   선일영   편집   정두철, 윤성아, 최승헌, 배진용, 이예지
디자인   이현수, 한수희, 김민하, 김윤주, 허지혜   제작   박기성, 황동현, 구성우, 권태련
마케팅   김회란, 박진관, 장은별
출판등록 2004. 12. 1(제2012-000051호)
주소   서울특별시 금천구 가산디지털 1로 168, 우림라이온스밸리 B동 B113~114호, C동 B101호
홈페이지 www.book.co.kr
전화번호 (02)2026-5777   팩스   (02)2026-5747

ISBN   979-11-6539-524-7 03910 (종이책)   979-11-6539-525-4 05910 (전자책)

이 도서의 국립중앙도서관 출판예정도서목록(CIP)은 서지정보유통지원시스템 홈페이지(http://seoji.nl.go.kr)와
국가자료공동목록시스템(http://www.nl.go.kr/kolisnet)에서 이용하실 수 있습니다.
(CIP제어번호: CIP2020051223)

(주)북랩 성공출판의 파트너

북랩 홈페이지와 패밀리 사이트에서 다양한 출판 솔루션을 만나 보세요!

홈페이지 book.co.kr   •   **블로그** blog.naver.com/essaybook   •   **출판문의** book@book.co.kr

충무공 9인에 대한 성역화와 역사적 재평가

역사 속
충무공 위인 이야기

조도영 지음

충무공이라는 시호에는
국난 극복의 여정이 담겨 있다!

구국 영웅의 시호 충무공, 조선 시대 충무공 9명의 흔적을 찾아
세세하게 써 내려간 한 연구자의 **우리나라 위인 조명기**

북랩 book Lab

천안문화재단
CHEONAN FOUNDATION for ARTS and CULTURE

본 사업은 2020 천안문화재단 문화예술지원금을 지원받은 사업입니다.

고통과 슬픔이 지나면
시대를 담는 사상이 필요하다

총과 칼이 아니어도 많은 사람이 죽을 수 있다는 공포를 '코로나19'라는 감염병이 강하게 각인시켰다. 또한, '전 세계가 단일 위험 요인에 이렇게 무방비로 노출된 사례가 몇 번이나 있었을까?' 하는 생각이다.

'이런 고통과 슬픔의 시간이 언제 끝나고, 다시 우리가 누리던 그 많은 행복과 자유를 마음 편하게 누릴 수 있을까?' 하는 마음도 간절하다.

우리 역사 속에서도 어려움과 슬픔이 함께한 시간이 꽤 많았다. 이번 작품을 통하여 아픈 역사를 재조명하기 위해 역사 속 인물들이 어떻게 어려움을 이겨냈는지 그 힘과 용기를 알아보고자 한다.

특히 조선 시대 충무공(忠武公) 시호(諡號)를 받은 위인(偉人)들에 대한 고찰과 함께 충무공으로 대표되는 이순신 장군의 성역화(聖域化) 사례를 통해 충청권(忠淸圈) 지역과 관련 있는 충무공 시호 무인(武人)들에 대한 향후 성역화에도 참고가 되었으면 한다.

이번 조사 과정에서 일부 충무공 위인은 성역화라는 말이 무색할 정도로 관리되지 않는 것을 확인할 수 있었다. 국가를 풍전등화(風前燈火)와 같은 어려운 시기에서 구해낸 무인(武人)들에 대한 후대의 가치 평가 차이가 너무 큰 것은 바람직하지 않다는 생각이 들었다. '충무공' 시호를 받은 사람은 조선 시대에 9명이 있었고, 이 중 4명이 충청권에서 성역화가 가능하다. 그 인물은 충무공 이순신(충남 아산), 김시민(충남 천안/충북 괴산), 이수일(충북 충주/음성), 정충신(충남 서산) 장군이다. 일부 지자체에서는 성역화를 위해 많은 노력을 진행 중이라 긍정적인 측면도 있다.

이번 글을 쓰게 된 동기 중 하나는 '충남학'이란 지역학 강의 중 〈양반의 고장, 충남〉을 강의하면서였다. 문신 중심의 인물 소개와 '예학'이라는 학문이 충청도를 중심으로 만들어지고 전국의 표준이 된 것을 강조하고, 이런 사상이

후대의 많은 독립운동가에게까지 영향을 주었다는 것이 큰 골자다. 하지만 왠지 그것으로 '충남학'의 충남다움과 충남인다운이라는 사상을 다 설명하기는 무엇인가 부족한 느낌이 있었고, 강의를 다니는 충청도의 이곳저곳에서 수많은 무신의 사당과 전승지를 쉽게 만나 볼 수 있었다. 완벽하고 충분하지는 않지만, 이번 책을 통해 우리 역사 속에 숨어 있는 위인들을 다시 만날 기회를 가질 수 있는 가치를 책을 통해 독자 여러분들이 느꼈으면 한다.

이런 동기를 주신 지인들과 강의에서 만난 수강자분들께 다시 한번 감사드리며, 책이 나올 수 있도록 지원해 주신 '천안문화재단'에도 감사드린다.

2020년 11월 30일 밤

조도영

충남학 강의 사례(자유학기제 연계 프로그램)

충남학 문화유적답사 프로그램 진행 사례

충남평생교육진흥원 '충바시' 사업 진행 사례

천안시 지원 주말행복배움터 진행 사례

차
례

충무공(忠武公) 시호(諡號)
인물 관련 도록(圖錄)

충무공 이순신

이순신 장군 동상(서울 광화문)

이순신 장군 표준 영정(현충사/충남 아산시)

거북선(경남 남해군)

현충사(충남 아산시)

충렬사(이순신 장군/경남 남해군)

충렬사(이순신 장군/경남 통영시)

이순신 장군 묘소(충남 아산시)

이순신 장군 가묘(충렬사/경남 남해군)

충무공 김시민

김시민 장군 동상(경남 진주시)

김시민 장군 영정

김시민 장군 묘(충북 괴산군)

김시민 장군 유허비(충남 천안시)

김시민 장군 사당(충민사/충북 괴산군)

충무공 이순신

이수일 장군 영정

이수일 장군 신도비(충북 충주시)

이수일 장군 사당(충훈사/충북 충주시)

이수일 장군 묘(충북 충주시)

충무공 정충신

정충신 장군 영정

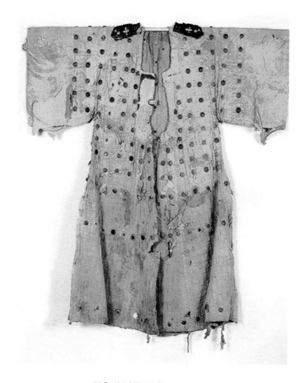

정충신 장군 갑옷(충남 서산시)

정충신 장군 사당(진충사/충남 서산시)

정충신 장군 묘(충남 서산시)

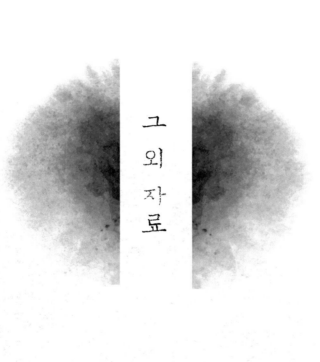

그
외
자
료

중국 관우 장군 동상(소형): 중국 등에서 신격화됨

남이 장군 가마상(경남 창녕군): 우리나라에서 신격화됨

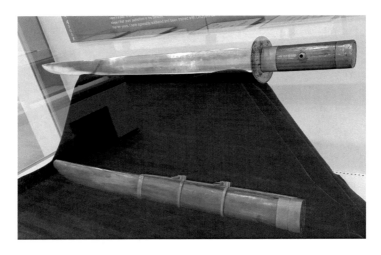

임경업 장군 검(추련도/충북 충주시): 상당히 짧고 두툼함

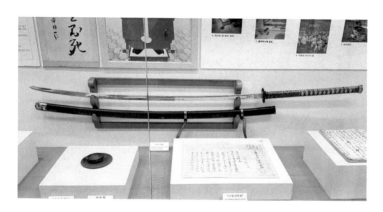

이순신 장군 장검(옥포대첩기념관/경남 거제시): 매우 길고 날렵함

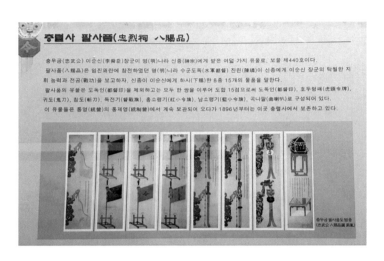

이순신 장군 팔사품(충렬사/경남 통영시)

이순신 장군 화폐 모델 사례

— 제1장 —

조선(朝鮮)은 양반(兩班)의 시대인가,
문신(文臣)의 시대인가

- 신분제도 양반(兩班)
- 무과(武科) 과거시험(科擧試驗)

신분제도 양반(兩班)

양반(兩班)은 고려에서 조선 시대까지의 지배 신분층을 명명하는 신분제도였다. 처음에는 관제상의 문반과 무반을 지칭하는 개념으로 사용되었으며 이는 왕이 조회(朝會)를 받을 때, 남향한 왕에 대하여 동쪽에 서는 반열(班列)을 동반(東班: 문반), 서쪽에 서는 반열을 서반(西班: 무반)이라 하고, 이 두 반열을 통칭하여 양반이라 하였다.[1]

이중 문반(文班)은 각 지역에서 치르는 초시(初試)에 합격하여 진사(進士)나 생원(生員)이 되고, 이후 성균관에 입학하여 관비 장학생의 특혜를 입으면서 중시(重試, 과거)를 준비한다. 이들이 공부하는 성균관에는 대성전(大成殿)이 있는데, 이곳 문묘에는 중국 성현들과 함께 해동 18현(海東十八賢)으로 추앙받는 우리나라 명현(名賢)들이 배향되어 있다. 성균관에서 공부하는 젊은 선비들은 이들 선현의 지고

---

1) 이성무, 『조선양반사회연구』, 일조각, 1995. 15~30쪽.

함을 삶의 가르침으로 삼아 정체성과 꿈을 키워 갔다.

　조선의 무반(武班)에 대한 무산계는 독립하여 무반은 문반에 비해 어느 정도 균형된 대우를 받게 되었다. 1392년(태조 1)에 제정된 문·무산계는 다소의 수정을 거쳐『경국대전』에 법문화되었다. 이에 따르면, 무산계의 최고는 정3품 절충장군(折衝將軍)이며, 최하는 종9품의 전력부위(展力副尉)로 되어 있다. 그리고 정1품에서 종2품까지는 문산계와 동일한 관계명이 수여되었다. 또한 무과(武科)를 실시하여 문·무 양반체제는 더욱 정비되었다.[2]

　하지만 오늘 우리에게는 조선(朝鮮) 시대(時代) 당시에 이와 같은 제도가 있었음에도 무관에 대한 성역화 및 인지도가 높지 않은 것이 현실이다.

---

2)　이성무,『한국의 과거제도』, 집문당, 1994. 45~59쪽.

태안향교 대성전

대성전 문현 18현 위패

무과(武科) 과거시험

조선 시대 과거시험인 무과(武科)는 1402년(태종 2)에 처음 실시된 이후, 1894년에 과거시험이 폐지될 때까지 총 800회가 실시되었다. 급제자만 약 11만 명 정도로 예상된다. 반면 문과(文科) 급제자는 총 1만 5천여 명 정도로 예상된다. 무과 급제자가 전체 문과 급제자보다 약 8배나 많았다.

조선 시대에 무과는 식년시와 각종 별시가 시행되었다. 식년시는 3년마다 치르는 정기시험이었다. 시험 절차는 초시(初試)·복시(覆試)·전시(殿試)로 구성되었다. 각종 별시는 왕 즉위, 가례(嘉禮), 왕세자 탄생, 황후 회복 등 왕실이나 국가에 경사가 있을 때 수시로 실시한 시험이다. 대표적으로 증광시, 별시, 정시 등이 있다. 시험 절차는 한 번의 시험으로 당락을 결정하는 단시제(單試制)나, 초시·전시로 구성되었다. 예외적으로 증광시만 식년시와 마찬가지로 복시가 있었다.

무과의 시험 과목은 실기와 필기로 구성되었다. 실기는

각종 활쏘기와 격구로 구성되었고 조선 후기에는 격구가 빠지는 대신에 조총이 추가되었다. 필기는 초시(初試)·복시(覆試)·전시(殿試) 중에서 복시에 실시되었다. 그러므로 식년시와 증광시에 필기 과목이 들어간다. 필기와 실기 두 가지 시험에서 합격의 당락에 큰 영향을 미친 것은 단연 실기시험이었다. 식년시를 기준으로 실기 과목을 꼽아보면 목전, 철전, 편전, 기사(騎射), 기창(騎槍), 격구가 있다. 여섯 과목 중 목전, 철전, 편전, 기사 네 과목이 활쏘기다. 임진왜란 이후로 실기 과목이 목전, 철전, 편전, 기추(騎芻), 관혁, 기창, 유엽전, 조총, 편추(鞭芻)로 바뀌었다. 임진왜란에 대한 뼈아픈 자각으로 조총이 포함되었으나, 관혁과 유엽전이 신설되는 등 여전히 활쏘기 비중이 높은 편이다. 그만큼 조선 시대에 무신이 되려면 활쏘기 기량이 필수임을 보여 준다.[3]

오늘날 조선 시대 무과에 대한 인식은 크게 두 가지 시각이 있는데, 전자는 개방성(開放性)의 경향이다. 이는 80년대에 일기 시작한 조선 후기 신분 변동의 연구에 힘입어

---

3) 이헌규, 『고전문학』, 한서출판, 2016. 50쪽.

공감대를 형성하였다. 그 핵심은 문신들이 사회 안정을 추구하는 방편으로 비엘리트들에게 기존 체제를 흔들지 않는 범위에서 기득권(旣得權)을 일부 떼어주기 위해 무과를 개발했다는 것이다. 후자는 무과가 양반 사족(士族)으로부터 천시되었다는 견해다. 문치주의(文治主義)를 지향한 조선에서 무과의 위상은 문과(文科)에 비해 낮았다. 그런데다가 무과가 비상시 군사 모집을 위한 수단이나 전공에 대한 보상책 또는 비엘리트들을 위로하는 시험으로 활용되자, 사족들이 무과에 등을 돌렸다는 것이다.[4]

그러나 이런 무과에 대한 부정적 인식에도 불구하고, 나라를 어려움에서 구해낸 위인(偉人)들이 무인들이었다는 것은 거역할 수 없는 사실일 것이다. 문과에서는 유교 또는 성리학 관점에서 기여도가 높은 분들을 지정하여 문묘(文廟) 18현에 모셔졌고, 이분들은 성균관을 비롯한 전국의 향교에서 지금까지도 배향되고 있다. 반면 무과 출신 무인 중에는 충무공 이순신 장군을 제외한 다른 위인들의 성역화 부분은 아주 미진한 상태다. 그중 여러 훌륭한 분들이

---

4) 윤훈표,『조선초기 무과제도 연구』, 연세대학교 사학연구회 학림 9권, 1987. 5~9쪽.

많겠지만, 대표적인 무인들로 조선 시대 '충무공' 시호를 가지신 분들이 이순신 장군 이외에도 8분이나 더 있어서 이런 부분에 대한 역사적 평가와 어려운 시대에 국가와 민족을 위한 사상적 가치와 애국 사상을 찾기에 훌륭한 모델이 있음에도 그 가치를 찾지 못하는 것이 안타까운 현실이다.

'충무공'이란 시호를 받은 선조들은 그 시호를 받기까지 각자 나라를 위하여 초개와 같이 목숨을 걸고 전쟁에서 가장 앞장선 장군들이었다는 것은 의심의 여지가 없을 것이다.

─── 제2장 ───

충무공(忠武公) 시호(諡號) 무인(武人)

- 시호(諡號)와 그 절차
- 고려와 조선 시대 충무공(忠武公) 시호(諡號) 무인(武人)

시호(諡號)와 그 절차

　시호(諡號)는 조선 초기까지는 왕과 왕비, 왕의 종친, 실
직에 있었던 정2품 이상의 문무관과 공신에게만 주어졌으
나 후대로 내려오면서 그 대상이 완화되고 확대되었다. 이
에 생전에 낮은 관직에 있었던 사람도 증직되어 시호를 받
는 일도 있었다. 이때 시호 내리는 일을 '증시'라 하고, 후대
에 추증해 시호를 내리면 '추시'라 하였다.

　'추시'는 대부분 종2품 이상의 벼슬에 있는 사람의 죽은
아버지와 할아버지 및 증조부나 후대에 와서 학덕이 빛난
선비들에게 주어졌다. 한편, 처음 내렸던 시호를 뒷날 다
른 시호로 고쳐서 내리는 것을 '개시'라 했고, 개시를 다시
고쳐 내리게 되면 이는 '후개시'가 된다.

　'신하의 도리를 지키고 나라를 위하여 몸을 아끼지 않아
밖으로는 외적을 물리치고 안으로는 법도를 바로 세운' 것
으로 평가되는 이들에게 내려지는 시호이므로 신하가 받
을 수 있는 시호로서는 그야말로 최고의 '선시(善諡)'라 할

수 있다.[5]

처음 시법에 사용하는 단어는 『주례(周禮)』에서는 28자였으나 『사기(史記)』의 시법에는 194자였는데, 1438년(세종 20) 봉상시에서 사용하던 글자도 이 194자였다고 한다. 이때 봉상시에서는 글자 수의 부족으로 시호를 의논할 때 사실과 맞게 하기가 어렵다는 점을 들어 임금에게 증보할 것을 아뢰고, 세종의 명에 따라 집현전에서는 『의례(儀禮)』와 『경전통해(經傳通解)』 등을 참고해 새로 107자를 첨가하였다.

이리하여 우리나라에서 시법에 쓸 수 있는 글자는 모두 301자가 되었는데 실제로 자주 사용된 글자는 문(文)·정(貞)·공(恭)·양(襄)·정(靖)·양(良)·효(孝)·충(忠)·장(莊)·안(安)·경(景)·장(章)·익(翼)·무(武)·경(敬)·화(和)·순(純)·영(英) 등 120자 정도였다고 한다. 이러한 글자들은 모두 좋은 뜻을 담고 있고, 그 한 글자의 뜻도 여러 가지로 풀이되어 시호법에 나오는 의미는 수천 가지라 할 수 있다.

조선에서는 이순신 장군의 경우는 물론이고 국가에 큰 공을 세운 신하에게 시호가 내려질 때는 삼망(三望)이라 하

5) 리우창, 『조선왕조에서 신하에게 시호를 내리는 제도에 대하여』, 연민학지, 2014. 210~220쪽.

여, 세 개의 시호를 먼저 선정한 뒤 그 가운데 가장 적당하다고 여겨지는 시호를 선정하는 것이 법도였는데, 이순신 장군에게 시호가 내려질 때 선정되었던 세 시호는 각각 충무(忠武), 충장(忠壯), 무목(武穆)이었다.

　이순신 장군의 논의 내용을 보면, '일신의 위험을 마다하지 않고 임금을 받들어(忠)', '적의 창끝을 꺾어 나라를 구했으며(武)', '적을 무찔러 전란을 평정하였고(壯)', '덕을 펼쳐 의를 지켰다(穆)'가 된다. 이 중 가장 격이 높은 것으로 여겨진 것이 '충무'인 것이다. 참고로 이 시호는 임진왜란 당시 임금인 선조가 붙인 것이 아니라 인조 때인 1643년에 붙여진 시호다.[6]

---

6)　김종대, 『여해 이순신: 너라야 세상을 화평케 하리라』, 예담, 2008, 5~9쪽.

고려와 조선 시대
충무공(忠武公) 시호(諡號) 무인(武人)

시호 '충무공(忠武公)'은 충성 충(忠) 자와 호반 무(武) 자로 이루어졌다. 주로 무인으로서 공을 세운 이들이 받았다. 과거 나라에 큰 공을 세운 장군에게 내리는 시호인 충무(忠武)를 받은 사람들을 높여 이르는 말이다. 고려 시대에서 3명[최필달(崔必達), 박병묵(朴炳默), 지용수(池龍壽)]이 충무 시호를 받았으며, 조선 시대에는 충무공 시호를 받은 분이 총 9명 있었다.[7)8)]

우리나라의 경우, 고려와 조선 시대에 총 12명의 충무공 시호 위인이 있었다. 고려 3명, 조선 9명이다. 반면 중국은 긴 역사에도 불구하고 7명의 충무공 시호 인물이 있었다. 이는 우리나라가 얼마나 힘들고 치열한 역사를 보냈는지 알 수 있는 사례 중 하나가 아닐까 한다.

---

7) 박종평, 『임진년, 이순신-(22) 시호 '12명의 충무공들』, 국민일보. 2012. 11. 30.
8) 황원갑, 『충무공은 이순신 외에 11명이 더 있는데』, 조선일보. 2016. 4. 29.

중국 역시 전공(戰功)과 충의(忠義)가 뛰어난 장군에게 왕이 충무(忠武)란 시호를 내렸다. 그 인물로는 제갈량(諸葛亮, 촉한의 승상), 울지경덕(당나라 개국공신), 곽자의(郭子儀, 당나라 명장), 악비(岳飛, 남송의 명장), 한세충(남송의 명장), 상우춘(명나라 개국공신), 마옥곤(청나라 군인)이다.

1. 고려 시대 충무공(忠武公) 위인(偉人)

1) 충무공 최필달(崔必達)

충무공(忠武公) 최필달(崔必達)은 태조 왕건을 도와 고려 개국에 이바지한 공으로 삼중대광(三重大匡) 삼한벽상(三韓壁上) 개국찬화공신(開國贊化功臣)에 올랐다. 벼슬은 영첨의 좌정승(領僉議左政丞)을 지냈으며 작호(爵號)가 강릉의 고호(古號)인 경흥(慶興: 강릉의 별칭) 부원군에 봉해지자 그 후손들이 강릉을 관향(貫鄕)으로 삼았다. 사후에 충무공(忠武公) 시호를 받았다. 문무를 겸비한 학자로서 고려 건국에 문교(文敎)와 도의(道義)의 선양에 크게 공헌하여 해동부자

(海東夫子)라 일컬었다고 한다.

그 후 정묘정에 배향되었으며 1936년 그의 후손들이 황산사(篁山祠)를 세우고 매년 3월 중정일(음력)에 제사를 올린다. 황산사 경내에는 기묘명현(己卯名賢)의 한 사람인 원정(遠亭) 최수성(崔壽城)의 사당인 문정묘(文正廟)가 황산사와 나란히 있다.[9]

2) 충무공 박병묵(朴炳默)

관향조 박병묵은 고려 시대 인물이다. 그의 선조는 전남 나주에 토착(土着)해 온 사족(士族)의 후예로 고려에서 평장사(平章事)를 역임했다. 나주에서 오랫동안 살아온 선비 집안이다. 아들 덕영은 호군(護軍)으로 연성군(蓮城君)에 봉해졌다. 그로 인하여 나주(羅州)를 본관으로 삼아 세계(世系)를 잇게 되었다.

고려 시대 '평장사'에 대한 정보로 중서성(中書省)과 문하성(門下省)이 구분되지 않고 중서문하성으로서 운영되었다는 견해(二省六部制說)가 정설이다. 이 견해는 양성의 평장

---

9) 출처: 강릉 최씨 역사인물 18-최필달(崔必達).

사를 겸하는 동중서문하평장사를 가하는 일이 많았으므로, 평장사는 중서성과 문하성의 구별을 초월해 같은 중서문하성의 재신(宰臣)으로서 함께 국사를 논의한 것으로 본다. 그러나 최근에는 중서성과 문하성이 구분되어 상서성(尙書省)과 더불어 운영되었다는 견해(三省六部制說)가 제시되었는데, 이에 따르면 중서성과 문하성에 각각 평장사가 두어진 것이 되어 차이가 있다. 고려에는 5재(五宰)의 재신직이 있었는데 문하시중(門下侍中)은 수상(首相), 평장사는 아상(亞相), 참지정사(參知政事)는 3상(相), 정당문학(政堂文學)은 4상(相), 지문하성사(知門下省事)는 5상(相)이었다. 평장사는 재신 중 문하시중 다음의 서열로서 재신의 중간 정도의 지위에 위치하였다.[10]

3) 충무공 지용수(池龍壽)

고려의 명장이다. 본관은 충주(忠州), 자는 하성(河聲), 호는 월송(月松), 시호는 충무(忠武)이다. 문하시랑(門下侍郞) 지원부(池元夫)의 손자, 시중 평장사(侍中平章事) 지환(池桓)의

---

10)   출처: 한국민족문화대백과사전[평장사(平章事)].

아들이다.

충목왕(忠穆朝) 때 현릉직(顯陵直)에 보(補)하였고, 공민왕(恭愍王) 때 홍건적(紅巾賊)이 침입하자 안우(安祐)를 도와 경성(京城) 수복에 공을 세워 이듬해 1등공신(一等功臣)이 되었으며, 판전객시사(判典客寺事), 전공판서(典工判書)에 이르러 규의선력공신(揆義宣力功臣)의 호(號)를 받았다. 이해 덕흥군(德興君) 혜가 원나라에 의해 고려의 왕(王)에 임명되어 입국한다는 소식이 있자, 전공판서로서 서북면 도순문사(西北面都巡問使)가 되어 안우경(安遇慶) 등과 함께 덕흥군의 군대를 격퇴하여 추성규의선력공신(推誠揆義宣力功臣)의 호를 더하여 받고 동지밀직사사(同知密直司事)를 제수받았으며, 다시 지문하성사(知門下省事)로 고쳐 제수받았다.

1365년(공민왕 14) 밀직사(密直司), 지도첨의(知都僉議), 상원수(上元帥)가 되고, 이듬해 첨의평리(僉議評理)로 교동에 침입한 왜구(倭寇)를 격파하였다. 1367년 서북면 도순문사가 되었다.

1369년(공민왕 18) 서북면 상원수(西北面上元帥), 평양윤(平壤尹)이 되고, 이듬해 원나라에서 평장사(平章事)를 지낸 기새인티무르(奇賽因帖木兒)가 김빠이앤(김백안: 金伯顏) 등과 함께 동녕부(東寧府)를 거점으로 변경에 침입하자 왕(王)이 상원수 지용수(池龍壽), 부원수 양백안(楊伯顔), 안주상만호 임견미(林堅味), 이성계(李成桂)를 보내어 치게 하였다. 이때 대군을 거느리고 압록강(鴨綠江)에 목교(木橋)를 만들어 3일간을 계속해서 장병들을 도강(渡江)시키니 3년간 계속되는 가뭄으로 찌는 듯한 폭염에 장병들은 비지땀을 흘리었다. 다 건너고 나니 뇌우(雷雨)가 갑자기 일어났다. 모두 두려워하자 병마사(兵馬使) 이구(李玖)가 말하기를, "용(龍)이 움직이는 데는 반드시 뇌우(雷雨)가 있는데, 이제 상원수(上元帥)가 그 이름이 용자(龍字)인데 도강일(渡江日)에 뇌우(雷雨)가 있으니 승조(勝兆)다."라고 하니, 모두들 다소 안심하였다. 하루 종일 비가 내리니 장병들의 사기는 충천하였다. 북방(北方)에 이르는 곳마다 적을 닥치는 대로 섬멸하니 왕이 예언대로 이 싸움에서 크게 승리하고 개선하였다. 왕은 그를 하늘이 낸 장수라 하였다. 그해 벼슬은 문하시중 찬성사(門下侍中贊成事) 겸 평장사(平章事)를 역임하였고, 이후 충무공(忠武公)에 봉해졌다.[11]

---

11) 충주지씨 충무공 지용수(池龍壽)-고려사, 충주지씨 족보 등.

2. 조선 시대 충무공(忠武公) 위인(偉人)

1) 충무공 조영무(趙英茂, 1338~1414)

조선의 개국공신이자 왕자의 난 공신이며, 가장 먼저 충무공 시호를 받은 인물이다. 출생지는 고려 함경도, 본관은 영흥/한양(漢陽)이다. 1392년(공양왕 4) 이방원(李芳遠)의 명으로 조영규(趙英珪) 등과 정몽주(鄭夢周)를 개성 선죽교에서 격살하고, 이성계를 추대하여 조선 개국에 공을 세우고 전중시판사(殿中寺判事)에 올라 개국공신 3등에 책록(策錄)되고 한산군(漢山君)에 봉해졌다.

1394년(태조 3) 중추원상의사(中樞院商議事), 1397년 충청도절제사가 되었으며, 이듬해 제1차 왕자의 난 때 공을 세워 정사공신(定社功臣) 1등에 책록되고, 그 후 문하부참찬사(門下府參贊事)에 승진하였다.

1400년(정종 2) 도독중외제군사도진무(都督中外諸軍事都鎭撫)로 병권을 장악하여 제2차 왕자의 난에도 이방원을 도왔다. 삼군부참판사(三軍府參判事) 때, 왕명으로 사병(私兵)의 혁파(革罷)가 실시되자 이를 반대하여, 황주(黃州)로 유배되었다. 곧 풀려나 서북면도순문사 겸 평양부윤(西北面都巡問使兼平壤府尹)으로 나갔다.

1405년 우정승(右政丞), 1408년 부원군(府院君)에 진봉되고, 이듬해 훈련관도제조(訓練觀都提調)를 거쳐 삼군부영사(三軍府領事)가 되었다. 태종의 극진한 총애를 받았고, 죽은 뒤 태종의 묘정(廟庭)에 배향되었다.

경기도 광주군 퇴촌면 광동리에 안장되었다. 그의 묘소는 2개인데 그의 진짜 묘는 광주군 퇴촌면 광동리의 묘소이다. 양주군 백석면 연곡리 산25-1번지에는 그의 별묘를 만들어 '조영무별묘'라 하였다. 후일 경기도 광주군 퇴촌면의 지명 유래는 그의 아호인 퇴촌에서 따서 지은 것이다.

2) 충무공 이준(龜城君, 1441~1479)

두 번째로 충무공 시호를 받은 인물이다. 세종의 넷째 아들인 임영대군(臨瀛大君)의 둘째 아들로서, 세조 때 이시애(李施愛)의 난을 평정하고 예종 초에는 남이(南怡)의 옥사를 다스리는 데 공을 세웠다고 하여 공신의 반열에 올랐다.

출생지는 고려 함경도, 본관은 전주(全州), 자는 자청(子

淸)이다. 1466년(세조 12) 무과에 급제하고, 이듬해 사도병마도총사가 되어 이시애(李施愛)의 난을 평정하고, 이 해에 적개공신 1등이 되고, 병조판서를 거쳐 영의정에 특진되었다. 1468년 남이(南怡)의 옥사(獄事)를 다스리는 데 공을 세워 익대공신 2등에 훈봉되었다. 1470년(성종 1) 어린 성종을 몰아내고 왕이 되려 한다는 정인지(鄭麟趾) 등의 탄핵으로 경상도 영해(寧海)에 안치되어 배소(配所)에서 죽었다. 그 후 숙종 때 신원되었다. 묘소는 경기도 고양시 덕양구 선유동에 위치해 있다.

이시애의 난이 일어났을 때는 역시 조카였던 18세의 소년 귀성군(龜城君)을 '함길강원평안황해사도(四道)병마도총사'에 임명해 진압의 총책을 맡겼다. "문(文)에는 영순군이, 무(武)에는 귀성군이 쌍벽을 이룬다."라고 칭찬하던 세조는 이시애의 난이 진압된 다음 해인 세조 14년(1468)에 귀성군을 일약 영의정에 발탁했다. 조선이 개국한 이래 열아홉 살의 홍안소년이 만인지상의 지위에 오른 것은 처음 있는 일이었다.

3) 충무공 남이(南怡, 1441~1468)

세 번째 충무공 시호를 받은 인물은 '소년 장수'로 유명하며, 이시애의 난 평정에 공이 큰 남이 장군이다.

출생지는 조선 한성부, 본관은 의령(宜寧)이며 태종의 외손(外孫)이다. 1457년(세조 3) 약관의 나이로 무과(武科)에 장원하였으며, 세조의 지극한 총애를 받았다. 1467년(세조 13) 이시애(李施愛)가 북관(北關)에서 난을 일으키자 우대장(右大將)으로 이를 토벌, 적개공신(敵愾功臣) 1등에 오르고, 의산군(宜山君)에 봉해졌으며, 이어서 서북변(西北邊)의 건주위(建州衛)를 정벌하고 28세의 나이로 병조판서에 올랐다.

1468년 예종이 즉위한 후 대궐에서 숙직하던 중 혜성(彗星)이 나타난 것을 보고, 묵은 것이 없어지고 새것이 나타날 징조라고 말하자, 그에게 항상 질투를 느껴 오던 유자광(柳子光)이 엿듣고 역모를 획책한다고 모함하였다. 또한, 남이가 여진토벌(女眞討伐) 때 읊은 시 「白頭山石磨刀盡, 豆滿江水飮馬無, 男兒二十未平國, 後世誰稱大丈夫」 속의 '미평국(未平國)'이란 글귀를 '미득국(未得國)'이라 하였다고 조작한 사실은 유명하다.

즉 '나라를 평정하지 못하면'을 '나라를 얻지 못하면'으로 왜곡하여, 반역의 뜻이 있다고 모함받아 영의정 강순(康純) 등과 함께 주살(誅殺)되었다. 1818년(순조 18) 관작(官爵)이

복구되었다. 현재 묘소는 경기도 화성시 비봉면 남전리에 있으며, 경남 창녕의 구봉서원(龜峯書院), 서울 용산의 용문사(龍門祠) 및 서울 성동의 충민사(忠愍祠)에 배향되었다.

경남 창녕군 부곡면에 남이 장군의 조부인 태종의 부마 남휘·정선공주 묘역(경남도문화재자료 236호)이 있다. 100m 옆에는 약 3,600㎡ 충무사 등 7개 건물로 기마 동상이 2018년 4월 18일경에 건립되어 준공식이 있었다.

4) 충무공 이순신(李舜臣, 1545~1598)

네 번째는 충무공 시호로 가장 많이 알려진 이순신 장군이다. 충청권(충남 아산 성역화) 인물 부분에서 자세히 설명하고자 한다.

5) 충무공 김시민(金時敏, 1554~1592)

다섯 번째 인물로 임진왜란의 또 다른 충무공(진주 대첩)으로 유명한 김시민 장군이다. 충청권(충남 천안/충북 괴산 성역화) 인물 부분에서 자세히 설명하고자 한다.

6) 충무공 이수일(李守一, 1554~1632)

여섯 번째 충무공 시호는 임진왜란 종군, 이괄의 난 평
정의 공신이며, 여진족 소탕의 공적이 있는 이수일 장군이
다. 충청권(충북 충주/음성 성역화) 인물 부분에서 설명하고
자 한다.

7) 충무공 정충신(鄭忠信, 1576~1636)

일곱 번째 충무공 시호를 받은 인물은 노비에서 포도대
장의 길까지 인생 역전을 이룬 사례와 천문·지리·복서·의
술 등 다방면에 걸쳐서 정통했으며, 임진왜란에 종군하고
이괄의 난 평정의 공신인 정충신 장군이다. 충청권(충남 서
산 성역화) 인물 부분에서 설명하고자 한다.

8) 충무공 구인후(具仁候, 1578~1658)

여덟 번째 인물은 인조반정의 공신이자 정묘호란 및 병
자호란에 종군하여 공적을 쌓은 구인후 장군이다. 본관은

능성(綾城), 자는 중재(仲載), 호는 유포(柳浦)이다. 좌찬성 사맹(思孟)의 손자이고, 대사성 성(宬)의 아들이며, 인조의 외종형이다. 예학의 거장 사계 김장생(金長生)의 문인(文人)이기도 하다.

1603년(선조 36) 무과에 급제하고 1611년(광해군 3) 고원군수(高原郡守)·갑산부사(甲山府使)를 지냈으며, 1614년 선전관이 되었다. 1621년 진도군수가 되었으나, 광해군의 폭정에 반감을 품고 이서(李曙)·신경진(申景禛) 등의 반정모의에 참여하였다.

1623년 반정이 일어나자 외지에 있던 그는 서울에 도달하지 못하여 거사 현장에는 없었으나, 처음부터 반정 계획을 세운 공로로 정사공신(靖社功臣) 2등에 책록되고, 능천군(綾川君)에 봉해졌다. 이듬해 수군통제사가 되고 1627년 정묘호란으로 인조가 강화도로 피난하였을 때는 주사대장(舟師大將)이 되어 후금(後金)의 군사를 막아 싸웠다.

1628년 자헌대부(資憲大夫)에 올라 한성부윤·전라도관찰사·포도대장 등을 역임하였다. 1636년 병자호란이 일어나자 군사 3,000명을 이끌고 남한산성에 들어가 왕을 호위하였으며, 그 후 어영대장·도총부도총관·비변사제조·의금부

판사 등을 역임하였다.

어영대장으로 있던 1644년에는 심기원(沈器遠)의 모역 음모를 적발한 공으로 영국공신(寧國功臣) 1등에 책록되고 능천부원군(綾川府院君)에 봉해졌다. 훈련대장, 공조 및 병조판서를 거쳐 1653년(효종 4) 우의정에 오르고 이듬해 사은사(謝恩使)로 청나라에 다녀왔다. 그 후 처형당한 소현세자빈 강씨(姜氏)의 신원을 요구하다 죄를 입은 김홍욱(金弘郁)을 옹호하다 관직을 박탈당하였으나 곧 복관되어 좌의정이 되었다.

구인후 장군의 묘역은 강원도 춘천에 위치해 있다. 이번 위인 중 가장 성역화가 안 된 인물이라고도 할 수 있다. 장군은 묘비나 신도비, 사당 등이 없어서 현지인의 도움을 받지 않고는 누구의 묘인지 구별할 수 없을 정도다.

9) 충무공 김응하(金應河, 1580~1619)

끝으로 아홉 번째 충무공 시호를 받으신 분은 광해군 때 후금정벌에 나섰다가 아깝게 전사한 김응하 장군이다. 본관은 안동, 자는 경의(景義)로 강원도 철원 출생이다. 1604년(선조 37) 무과에 급제하였으나 말직으로 전전하다가, 1608년 박승종(朴承宗)이 전라도관찰사가 되자 그 비장(裨將)으로 기용되었다. 1610년(광해군 2) 다시 선전관으로 임명되고, 삼수군수(三水郡守) 등을 역임하였다.

1618년 건주위(建州衛)를 치려고 명(明)나라에서 원병 요청을 하자, 이듬해 도원수 강홍립(姜弘立)을 따라 좌영장(左營將)이 되어 참전하였다. 명나라 유정(劉綎)이 군사 3만 명을 거느리고 부차령(富車嶺)에서 패하여 자결하자, 3천 명의 휘하 군사로 수만 명의 후금군을 맞아 싸우다가 중과부적으로 패하고, 그도 전사하였다.

1620년 명나라 신종(神宗)이 그 보답으로 '요동백(遼東伯)'으로 추봉(追封)하고, 처자에게는 은(銀)을 하사하였다. 조선에서는 영의정에 추증되었다. 강원도 철원의 포충사(褒忠祠), 평안북도 선천의 의열사(義烈祠) 등에 배향되었다.

이렇게 충무공 시호를 가지신 분들이 많지만, 우리는 그 중 충무공 이순신 장군 이외에 나머지 8분에 대해서는 그 시호를 받았는지조차 모르고 넘어가는 경우가 많다는 것은 안타까운 현실이다.

제3장

충청도(忠淸道) 지역의
충무공 시호 무인

- 충무공 이순신 장군
- 충무공 김시민 장군
- 충무공 이수일 장군
- 충무공 정충신 장군

조선 시대 충무공 시호를 받으신 분들 가운데 충청도와 관련된 무인들인 충무공 이순신(충남 아산), 김시민(충남 천안/충북 괴산), 이수일(충북 충주/음성), 정충신(충남 서산) 장군에 대하여 조금 더 살펴보고자 한다.

　많은 위인의 성역화 근거 대상지로는 태어나신 곳, 전투를 하신 곳, 또는 돌아가신 곳, 그리고 묘소나 사당이 있는 곳 등이 해당 지역이 될 수 있다. 그 가운데 충청권에서 충무공 시호 무인들을 모시는 사당과 성역화를 위한 노력을 진행 중인 지역을 중심으로 살펴보고자 한다.

충무공 이순신 장군

이순신 장군은 따로 설명이 필요 없을 정도로 우리나라 국민뿐만 아니라 전 세계인들에게도 존경받는 위대한 장군이다. 임진왜란 당시 왜군과 '스물세 번 싸워 스물세 번 모두 승리하는 신화를 통해 나라를 지켜냈다.'는 이야기는 유명하다.

출생은 조선 한성부 건천동(乾川洞), 본관은 덕수(德水)이고, 자는 여해(汝諧)이다.

1572년(선조 5) 무인 선발시험인 훈련원 별과에 응시하였으나 달리던 말이 넘어져서 왼쪽 다리가 부러지는 부상을 입고 실격하였다. 32세가 되어서야 식년 무과에 병과로 급제한 뒤 권지훈련원봉사(權知訓練院奉事)로 첫 관직에 올랐다. 이어 함경도의 동구비보권관(董仇非堡權管)과 발포수군만호(鉢浦水軍萬戶)를 거쳐 1583년(선조 16) 건원보권관(乾原堡權管)·훈련원참군(訓鍊院參軍)을 지냈다.

1586년(선조 19) 사복시 주부를 거쳐 조산보만호(造山堡萬

戶)가 되었다. 이때 호인(胡人)의 침입을 막지 못하여 백의종군하게 되었다. 그 뒤 전라도 관찰사 이광에게 발탁되어 전라도의 조방장(助防將)이 되었다. 이후 1589년(선조 22) 선전관과 정읍(井邑) 현감 등을 거쳐 1591년(선조 24) 유성룡의 천거로 절충장군·진도군수 등을 지냈다. 같은 해 전라좌도수군절도사(全羅左道全羅左道水軍節度使)로 승진한 뒤, 좌수영에 부임하여 군비 확충에 힘썼다.

이듬해 임진왜란이 일어나자 옥포에서 일본 수군과 첫 해전을 벌여 30여 척을 격파하였다(옥포대첩). 이어 사천에서는 거북선을 처음 사용하여 적선 13척을 분쇄하였다(사천포해전). 또 당포해전과 1차 당항포해전에서 각각 적선 20척과 26척을 격파하는 등 전공을 세워 자헌대부로 품계가 올라갔다. 같은 해 7월 한산도대첩에서는 적선 70척을 대파하는 공을 세워 정헌대부에 올랐다. 또 안골포에서 가토 요시아키(加珹嘉明)의 수군을 격파하고(안골포해전), 9월 일본 수군의 근거지인 부산으로 진격하여 적선 100여 척을 무찔렀다(부산포해전).

1593년(선조 26) 다시 부산과 웅천(熊川)에 있던 일본군을 격파함으로써 남해안 일대의 일본 수군을 완전히 일소한 뒤 한산도로 진영을 옮겨 최초의 삼도수군통제사가 되었다. 이듬해 명나라 수군이 합세하자 진영을 죽도(竹島)로 옮긴 뒤, 장문포 해전에서 육군과 합동작전으로 일본군을 격파함으로써 적의 후방을 교란하여 서해안으로 진출하려는 전략에 큰 타격을 가하였다. 명나라와 일본 사이에 화의가 시작되어 전쟁이 소강상태로 접어들었을 때는 병사들의 훈련을 강화하고 군비를 확충하는 한편, 피난민들의 민생을 돌보고 산업을 장려하는 데 힘썼다.

1597년(선조 30) 일본은 이중간첩으로 하여금 가토 기요마사(加藤淸正)가 바다를 건너올 것이니 수군을 시켜 생포하도록 하라는 거짓 정보를 흘리는 계략을 꾸몄다. 이를 사실로 믿은 조정의 명에도 불구하고 그는 일본의 계략임을 간파하여 출동하지 않았다. 가토 기요마사는 이미 여러 날 전에 조선에 상륙해 있었다. 그러나 이로 인하여 적장을 놓아주었다는 모함을 받아 파직당하고 서울로 압송되어 투옥되었다. 사형에 처할 위기에까지 몰렸으나 우의정 정탁의 변호로 죽음을 면하고 도원수 권율의 밑에서 두 번째로 백의종군했다.

그의 후임 원균은 7월 칠천해전에서 일본군에 참패하고

전사하였다. 이에 수군통제사로 재임명된 그는 12척의 함선과 빈약한 병력을 거느리고 명량에서 133척의 적군과 대결, 31척을 격파하는 대승을 거두었다(명량대첩). 이 승리로 조선은 다시 해상권을 회복하였다.

1598년(선조 31) 2월 고금도(古今島)로 진영을 옮긴 뒤, 11월에 명나라 제독 진린과 연합하여 철수하기 위해 노량에 집결한 일본군과 혼전을 벌이다가 유탄에 맞아 전사하였다(노량해전).[12]

---

12)　김영숙, 『충무공 이순신 연구』, 경희대학교, 1993. 8~13쪽.

충무공 김시민 장군

본관은 안동, 자는 면오(勉吾). 충남 목천(木川)에서 출생했다. 1578년(선조 11) 무과에 급제, 훈련원판관이었을 때 군사에 관한 일을 병조판서에 건의한 것이 채택되지 않아 관직을 버렸다.

1591년(선조 24) 진주판관(晋州判官)이 되었는데, 이듬해 임진왜란이 일어나자 죽은 목사(牧使)를 대신하여 성지(城池)를 수축하고 무기를 갖춘 공로로 목사가 되었다. 사천(泗川)·고성(固城)·진해(鎭海) 등지에서 왜적을 격파하고, 경상우도병마절도사(慶尙右道兵馬節度使)에 올라 금산(金山)에서 다시 적을 격파하였다.

장군은 진주성(晋州城) 취임 후 염초(焰硝) 5백여 근을 만들고 총통(銃筒) 70여 병(柄)을 만들고, 따로 부대를 배정하여 숙달시키는 한편, 성을 지키는 방책을 강화하였다. 음력 9월에는 진해로 출동하여 적을 물리치고 적장 평소태(平小太)를 사로잡아 행재소(行在所)로 보내자 조정에서는 통정대부로 임명하였다.

한 번 대패한 일본군은 진주를 빼앗으려고 다시 계획을 세웠다. 1592년 11월 8일(음력 10월 5일) 일본의 2만 대군이 진주성으로 쳐들어왔는데, 1부대는 마재를 넘어오고 2부대는 불천을 넘어 들어왔으며, 3부대는 진양을 무찌르고 들어왔다. 그런 다음 성을 둘러싸고 포위 공격을 감행하자 김시민 장군은 고을 안에 사는 백성은 남녀노소를 불문하고 전부 성으로 들어오게 하고 여자는 모두 남장을 하라고 명령을 내렸다. 이렇게 조직된 3,800여 명의 군대를 이끌고 성을 철통같이 지키며 7일간의 격전 끝에 일본군을 물리쳐 퇴각시켰다. 조선군의 위대한 승리였다. 1592년 11월 12일(음력 10월 9일) 마지막 날의 전투에서 김시민 장군은 격렬한 접전 도중 유탄에 맞고 의식을 잃었지만, 이광악이 지휘를 이어받아 전투를 성공적으로 마무리하였으니 이것이 진주대첩이다.

그리고 진주성을 필사적으로 항전하여 막은 진주목사 김시민 장군은 11월 21일(음력 10월 18일) 조용히 눈을 감았다.[13]

---

13) 이해준 외, 『호국의 영웅 김시민 장군』, 천안문화원, 2004. 278쪽.

1604년(선조 37) 선무공신(宣武功臣) 2등에 추록되었으며 상락군(上洛君)에 봉해졌고, 뒤에 영의정·상락부원군(上洛府院君)에 추증(追贈)되었다. 경남 진주의 충렬사 훼철 후 충북 괴산 충민사에 묘소와 함께 배향되어 있다. 현재 충남 천안 일원에서 성역화 작업을 추진 중이다.

구분	지역 및 명칭	성역화 지역
출생	충남 천안 목천	충남 천안시
대표 전투	임진왜란/진주대첩	경남 진주시
사망	경남 진주	경남 진주시
묘소/사당 등	충민사/묘소	충북 괴산군
전공비/선도비 등	김시민 장군 전공비	경남 진주시
* 경남 진주 충렬사가 훼철됨-진주 창렬사로 신위를 모심		

〈표 1-충무공 김시민 장군〉

충무공 이수일 장군

본관은 경주, 자는 계순(季純), 호는 은암(隱庵)이다. 아버지는 증 영의정 난(鸞)이며, 어머니는 참봉 우담령(禹聃齡)의 딸이다. 아들은 우의정 완(浣)이다.

1583년(선조 16) 무과에 급제했으며, 훈련원의 벼슬을 거쳐 1590년 선전관이 되었다.

1592년 장기현감으로 있을 때 임진왜란이 일어나자 의병을 일으켜 예천·용궁에서 싸웠으나 패했다. 이듬해 경상좌도수군절도사가 되었고, 왜적을 격퇴한 공으로 가선대부(嘉善大夫)에 올랐다.

1597년 정유재란이 일어나자 도체찰사 이원익(李元翼)이 청하여 성주목사가 되었으나 명령을 어겨 장형(杖刑)을 받고 종군(從軍)했다. 그 뒤 북도방어사·북도병마절도사를 거쳐 1602년 남도병마절도사가 되어 변방을 침범하는 야인들을 소탕했다. 다음 해 경상우도병마절도사를 지낸 뒤 길주목사·수원부사·평안도병마절도사 등을 지내고 1616

년(광해군 8) 숭정대부(崇政大夫)에 올랐다.

1624년(인조 2) 이괄(李适)의 난 때 평안도병마절도사 겸 부원수로 출정하여 안현(鞍峴)에서 반군을 대파했다. 이에 진무공신(振武功臣) 2등에 책록되고, 계림부원군(鷄林府院君)에 봉해졌으며 그 뒤 형조판서를 지냈다. 사후 좌의정에 추증되었다. 시호는 충무(忠武)이다.

구분	지역 및 명칭	성역화 지역
출생	충북 충주 서촌의 시곡 (현 충북 음성군 감곡면)	충북 음성군
대표 전투	임진왜란/이괄의 난	
묘소/사당 등	충훈사/묘소	충북 충주시 금가면
전공비/선도비 등	신도비	충북 충주시 금가면

〈표 2-충무공 이수일 장군〉

충무공 정충신 장군

본관은 금성(錦城), 자는 가행(可行), 호 만운(晩雲)이다. 1592년(선조 25) 임진왜란 때 권율(權慄)의 휘하에서 종군 중, 그의 장계(狀啓)를 가지고 의주(義州)에 갔다가 이항복 (李恒福)의 주선으로 학문을 배웠다. 그해 무과에 급제한 뒤 1621년(광해군 13) 만포첨사(滿浦僉使)로 국경을 수비하고, 1623년(인조 1) 안주목사 겸 방어사가 되었다.

이듬해 이괄의 난 때 전부대장(前部大將)으로 황주(黃州) 와 서울 안현(鞍峴)에서 싸워 이겨서 진무공신(振武功臣) 1등 에 책록되어 금남군(錦南君)에 봉해지고, 이어 평안도병마 절도사 겸 영변대도호부사(寧邊大都護府使)가 되었다.

1627년 정묘호란 때 부원수(副元帥)가 되고, 1633년 조정 에서 후금과 단교하려는 데 반대하여 당진에 유배되고, 후 에 장연(長淵)에 이배(移配)된 뒤 풀려났다. 이듬해 포도대 장(捕盗大將)·경상도병마절도사를 지냈다.

천문(天文)·지리·복서(卜筮)·의술(醫術) 등 다방면에 해박

하고, 청렴하기로도 이름이 높았다. 광주(光州)의 경렬사(景烈祠)에 배향되었다. 문집에 『만운집』, 저서에 『백사북천일록(白沙北遷日錄)』, 『금남집(錦南集)』 등이 있다.

조선 시대 충무공 정충신 장군을 설명하자면, 강직하고 청렴하며 지적인 동시에 인간적인 사람이었다고 전한다. 그는 노비에서 포도대장까지 오르는 인생 역전을 이룬 대표적인 인물이기도 하다. 또한, 전남 광주의 '금남로'는 그의 '군호'를 따서 지은 이름이기도 하다.

정충신이 노비에서 포도대장으로의 미래를 맞는 변환점은 임진왜란 때 '권율 장군'의 노복이 되면서부터였다. 총명하여 권율의 총애를 받던 이때, 평북 의주로 파천한 '선조'에게 '장계'를 보고할 일이 생겼다. 전남에서 평안북도까지 깔린 왜군을 뚫고 목숨을 걸어야 했으니 아무도 지원하지 않았다. 이때 열일곱 살의 정충신이 지원했는데, 주변에서 말릴 정도로 위험한 모험이었다.

하지만 노비 정충신은 목숨을 걸고 선조에게 보고서를 올리는 것에 성공했고, 선조는 그의 용기를 높이 사서 양인으로 만들어 주었다. 이때 병조판서를 하던 사람이 '이항복'이었는데, 정충신의 인간됨을 아끼어 학문을 가르치고 무예를 익히게 하였다. 이항복은 정충신이라는 이름을 지어줄 정도로 그를 매우 아꼈고, 그도 무과에 급제하며 노력을 다하였다.

　정충신이 노비 출신이었기에 업신여기는 일도 있었지만, 워낙 총명하여 명나라와 왜를 오가며 정보를 수집하는 데에 많은 공을 세웠다. 그러면서 중국어와 일본어도 능숙해지고 국제 정세를 판단하는 능력도 높아졌다. 그 사이, 총애하던 권율의 사위가 되고 이항복과는 동서가 되었다. 권율의 세 사위는 신립, 이항복, 정충신으로 그의 인간됨과 총명함을 단적으로 볼 수 있는 한 사례가 아닌가 한다. 장군은 자손들에게 유언하기를 내가 죽거든 작은 공은 이미 역사에 기록된 바이니 죽은 뒤에 문자로 공적을 미화 찬양하거나 시호를 청거나 비와 석물을 세우지 말고 다만 그릇만 묻어 달라는 말을 남겼다고 한다.[14]

---

14)　방기홍, 『역사에 이름을 남긴 무인들: 정충신』, 국방부, 1985, 106~108쪽.

구분	지역 및 명칭	성역화 지역
출생	전남 나주 광주광역시 금남로 전설	전남 나주시 광주광역시
사망	한양 반송방 자택	
대표 전투	임진왜란/이괄의 난	
묘소/사당 등	진충사/묘소	충남 서산시
	경렬사(8명 배양-팔현사)	전남 나주시
전공비/선도비 등	사패지를 받음-묘소 선정	충남 서산시

〈표 3-충무공 정충신 장군〉

제4장

충무공 이순신 장군의
성역화

- 사적지(史跡地) 및 박물관(博物館) 등의 시설 측면
- 팔사품(八賜品) 등의 유품(遺品) 측면
- 사용 무기(武器) 측면
- 동상(銅像) 및 영정(影幀) 등 인물 측면

충무공 이순신 장군은 무인(武人)으로서뿐만 아니라 시문(詩文)에도 능하여 『난중일기』와 시조·한시 등 여러 편의 뛰어난 작품을 남겼다. 그의 삶은 후세의 귀감으로 남아 오늘날에도 문학·영화 등 예술작품의 소재가 되고 있다. 이는 나라를 국난에서 구했다는 이야기와 함께 그를 증명할 사적지와 유물이 잘 보존된 것이 그 성역화에 더 큰 힘을 실어 준 것은 아닌가 한다.

이순신 장군은 1604년(선조 37) 선무공신 1등이 되고 덕풍부원군(德豊府院君)에 추봉된 데 이어 좌의정에 추증되었다. 이후 1613년(광해군 5) 영의정이 더해졌다.

유품 가운데 『난중일기』가 포함된 『이충무공난중일기부서간첩임진장초』는 국보 제76호로, 장검 등이 포함된 이충무공유물은 보물 제326호로, 명나라 신종이 무공을 기려 하사했다는 충무 충렬사 팔사품(통영 충렬사 팔사품)은 보물 제440호로 지정되었다. 이 밖에도 그와 관련하여 많은 유적이 사적으로 지정되어 있으며, 저서로는 『이충무공전서』
가 전해지고 있다.[15)

　이처럼 다양한 부분의 성역화 과정은 다른 충무공 시호
위인들의 향후 성역화 진행 과정에 훌륭한 참고가 될 수
있을 것이다. 따라서 이를 사적지(史跡地) 및 박물관(博物館)
등의 시설 측면, 팔사품(八賜品) 등의 유품(遺品) 측면, 사용
무기(武器) 측면, 동상(銅像) 및 영정(影幀) 등 인물 측면에서
그 시사점을 살펴보고자 한다.

---

15) 　이이화, 『임진왜란관계문헌총간』 1, 아세아문화사, 1984. 50~72쪽.

구분	지역 및 명칭	성역화 지역
출생	한양 건천동(서울 중구)	서울특별시
사망	경남 남해군(노량해전)	경남 남해군
대표 전투(대표 사례)	칠천량 해전-경남 거제시 한산도 대첩-거제-통영 노량 해전-경남 남해-하동 명량 해전-전남 해남-진도	경남/전남
묘소	묘소(아산시 음봉면)	충남 아산시
	가묘(남해 충렬사)	경남 남해시
사당	현충사	충남 아산시
	충민사(사액 1호)	전남 여수시
	오충사(4충신을 모신 사당)	전남 여수시
	충렬사(팔사품)	경남 통영시
	착량묘(위패와 영정 사당)	경남 통영시
	충무사(주민 성금으로 지어짐)	경남 통영시
	충렬사(가분묘/충렬사비)	경남 남해군
	오충사(다섯 충신 사당)	전남 해남군
	충무사(명량대첩비, 영정)	전남 해남군
	모충각(유허비, 전각)	전남 목포시
	유애사(추모 사당, 비석)	전북 정읍시
	충렬사(영정 봉안 사당)	전북 정읍시
동상	서울 세종로(대표 동상)	서울특별시

〈표 4-충무공 이순신 장군〉

사적지(史跡地) 및 박물관(博物館) 등의
시설 측면

이순신 장군을 기리는 사적지는 경남, 전남, 전북, 충남 등 다양한 곳에 분포되어 있다. 그중 충남 아산에는 현충사(사적 제155호), 충무공 이순신 묘소(사적 제112호) 등이 있다. 전국적으로 많은 유적지가 있지만, 대표적인 사적지로는 경남 통영 충렬사(사적 제236호), 전남 여수 충민사(사적 제381호), 경남 남해 충렬사(사적 제233호), 충남 아산 현충사(사적 제155호) 등에 배향되어 있으며 관련 시설을 살펴보면 다음과 같다.

전남 여수의 충민사는 이순신 장군을 기리는 최초의 사당으로 건립되었다. 장군이 노량해전에서 전사한 뒤, 1601년(선조 34년) 당시 영의정이었던 이항복이 왕명을 받아 통제사 이시언에게 사당 건립을 명하여 지어졌으며, 우부승지 김상용이 간천하여 선조로부터 충민사라는 사액을 받았다. 1732년(영조 8년) 중수하였고, 1868년(고종 5년) 홍선

대원군의 서원 철폐령에 따라 충민단만 남기고 모두 철거된 것을 1873년(고종 10년) 지역 유림들의 진정으로 다시 짓고, 판서 윤용술이 쓴 충민사 현판을 걸었다. 1919년 일제에 의해 강제로 철거되었으나 1947년 주민들이 힘을 합하여 다시 지었으며, 1975년 충민사 정화사업으로 새로 건립되었고 1993년 6월 1일 국가 사적 제381호로 지정되었다.

이곳에 배향된 충무공 이순신을 주향(主享)으로 하고, 의민공(毅愍公) 이억기, 충현공(忠顯公) 안홍국을 좌우로 배향(配享: 주벽을 먼저 지내고 배향은 나중에 제사를 지냄)하여 기리기 위하여 여수지역 유림과 주민들은 매년 음력 3월 10일에 춘기 석채례를, 음력 9월 10일에 추기 석채례를, 양력 4월 28일에 충무공 탄신재를 지내고 있다. 충무공 사당으로 최초의 사액사당이며, 통영의 충렬사보다 62년, 아산의 현충사보다 103년 전에 건립되었다.[16]

---

16) 김대현, 『여수 충민사의 건립경위 및 연대에 관한 재고찰』, 순천향대학교 이순신연구소, 2014. 8~15쪽.

여수시 충민사

통영시 충렬사

남해군 충렬사

다음으로 통영 충렬사는 사적 제236호로 1973년에 지정되었으며 면적은 9,049㎡이다. 이충무공의 위업을 기리기 위해 위패를 모시고 있다. 1606년(선조 39) 제7대 통제사 이운룡(李雲龍)이 왕명으로 세웠으며, 1663년(현종 4) 사액(賜額)되었다. 그 후에는 역대의 수군통제사들이 매년 봄과 가을에 제사를 지내 왔다.

충렬사는 본전(本殿)과 정문(正門)·중문(中門)·외삼문·동서재·경충재·숭무당·강한루·유물전시관 등의 건물로 이루어졌다. 경내에는 많은 비석이 보존되어 있는데 이 중 가장 오래된 것은 1681년(숙종 7)에 제60대 민섬 통제사가 세운 통제사충무이공충렬묘비이며 충무공 후손통제사 비각 2동에 6기가 있고, 이운룡 통제사 비각, 김중기 통제사 비각, 유형 통제사 비각이 있다. 유물전시관에는 명나라 만력제가 내린 8가지의 선물인 명조 팔사품(보물 440호)과 정조가 충무공전서를 발간하고 1질을 통영 충렬사에 내리면서 직접 지어 내린 제문 등이 전시되어 있다.

경남 남해군에 위치한 남해 충렬사는 사적 제233호로 면적 12,088.55㎡로서 안에는 사당·재실(齋室)·비각(碑閣) 각 1동, 내삼문(內三門)·외삼문(外三門), 비(碑) 4기(基), 가분묘(假墳墓) 1기 등이 있다.

1598년(선조 31) 11월 19일 이순신이 노량 앞바다 전투에서 순국하자, 처음 이곳에 유해를 안치하였다가 충남 아산의 현충사(顯忠祠)로 이장하였고, 현재 이곳에는 봉분(封墳)뿐인 가분묘만 남아 있다. 이순신 장군이 순국한 지 35년 뒤인 1633년(인조 11) 초사(草舍)와 비를 세워 치제추모(致祭追慕)하였고, 1658년(효종 9) 사당을 건립하고 비도 다시 세웠으며, 1662년(현종 3)에는 '충렬사(忠烈祠)'라는 사액(賜額)을 받았다. 이 사당은 1661년(현종 2)과 1899년(광무 5)에 중수하였는데, 비 하나에는 1661년 중수한 사유를 자세히 기록한 송시열(宋時烈)의 비문이 있다. 사당을 세운 당시에는 사당 옆에 호충암(護忠庵)이라는 암자가 있어 화방사(花芳寺)의 승려 10여 명과 승장(僧將) 1명이 교대로 수직하였다. 충렬사는 1973년 사적으로 지정되면서 보수·정화되었다.

충남 아산의 현충사는 1706년(숙종 32) 충청도 유생들이 숙종 임금께 상소하여 조정에서 이를 허락해 사당을 건립하였으며, 1707년 숙종 임금께서 현충사(顯忠祠)란 액자를 하사하였다. 1868년(고종 5) 대원군의 서원철폐령에 의해 현충사는 철폐되었으며, 1906년 을사늑약에 분노한 유림들이 현충사 유허비를 건립하였다.

일제강점기에 이충무공 묘소가 경매로 일본인의 손에 넘어갈 지경에 처하자 우리 민족 지사들이 '이충무공유적보존회'를 조직하고, 동아일보사의 협력으로 민족 성금을 모아 1932년 현충사를 중건하였다. 1966년 박정희 대통령이 성역화 사업을 추진하여 1967년 본래의 1932년에 중건한 옛 사당 위편에 새로운 현충사를 준공하였고, 이순신 장군 탄신일인 4월 28일을 기념하여 매년 정부 주관으로 제전을 올리고 있다.[17]

2011년 전시관과 교육관을 갖춘 충무공이순신기념관이 건립되었다. 전시관에는 이순신 장군과 임진왜란에 관한 각종 유물이 전시되어 있고, 교육관에서는 이순신 장군 정신과 위업 선양을 위한 강의와 세미나가 열리고 있다.

---

17) 홍순승, 『현충사의 건립과 변화과정에 대한 연구』, 순천향대학교 이순신연구소, 2008. 10~18쪽.

팔사품(八賜品) 등의
유품(遺品) 측면

　팔사품(八賜品, 보물 제440호)은 임진왜란 때 참전하였던 명나라 수군도독 진린(陳璘)이 신종에게 이순신의 전공을 보고하자 신종이 이순신에게 하사한 8종 15점의 물품을 말한다고 통영 충렬사 안내 표지판을 통해 정보를 확인할 수 있다.

　하지만 2014년 11월 19일 통영시립박물관에서 열린 '통영 충렬사 팔사품 연구 논문 발표회'에서 한서대학교 문화재보존학과 장경희 교수는 정설로 굳어진 이런 설(신종이 이순신에게 하사한 8종 15점의 물품)을 정면으로 반박했다. 그는 "임진왜란이 끝나 귀국한 명나라 장수들에 대한 논공행상에서 황제 신종은 진린 등을 시상했다. 이때 황제는 이순신은 조선의 신하이므로 그 나라에서 휼전을 베풀도록 하였다고 기록했다."라며 "이 기록으로 미뤄 신종은 이순신에게 도독이라는 관직을 내리지 않았고 도독인도 하사하지 않았다. 그런데도 조선은 내내 이순신이 황제에 의해 도독으로 임명된 것으로 봤다."라고 말했다. 장 교수는 이어 "도독은 명나라가 보면 조선 왕과 같은 정1품이다. 이렇게 되면 이순신은 조선에서 역적으로 몰리게 됐을 것."이라고 말했다. 그는 "팔사품은 임진왜란에 참전한 명나라 수군 도독 진린(陳璘)이 이순신을 기리고자 통제영에 남긴 것."이라고 추정했다.[18]

팔사품을 황제가 내리지 않았다는 주장은 중국 산동대학 유보전(劉寶全) 교수가 2012년 서울대 특강에서 '팔사품은 도독 진린이 이순신 장군 가족에게 선물한 것이란 취지의 발표'를 한 바 있다.

상기와 같이 현재 통영 충렬사의 '팔사품'에 대한 아주 획기적인 연구가 진행되었으나 아직 관련 사적지 등에 반영되지는 못하였고, 문화재청 등에서도 그 어떤 입장을 밝히지 않은 상태이다. 이런 문화재를 보는 시각은 뒤로하고 장교수도 이야기한 것처럼 문화재로서의 가치와 함께 '팔사품'이 무인에게 선물로서 상당한 가치가 있다는 부분 역시

---

18) 장경희, 『보물 제440호 충렬사 팔사품 연구』, 역사민속학, 2014. 8~15쪽.

부인할 수 없기에 훌륭한 유품 또는 유물로서 충분한 의미가 있다.

　물품들은 도독인(都督印)을 제외하고는 모두 한 쌍을 이루어 총 15점이다. 통제영(統制營)에서 이 물품들을 보관해오다가 1896년부터 통영 충렬사에서 맡았고 2013년 이후 현재는 통영시립박물관에서 관리하고 있다. 1969년에 아산 현충사(顯忠祠)가 준공됨에 따라 도독인은 모조품을, 나머지 유물들은 각기 한 벌씩을 아산 현충사로 옮겨 전시하고 있다.

　팔사품은 ① 도독인 1개[길이 15.1㎝. 손잡이가 달린 장방형의 동제(銅製) 도장], ② 호두령패(虎頭令牌) 2개, ③ 귀도(鬼刀) 2자루, ④ 참도(斬刀) 2자루, ⑤ 독전기(督戰旗) 2폭(幅), ⑥ 홍소령기(紅小令旗) 2폭과 남소령기(藍小令旗) 2폭, ⑦ 곡나팔(曲喇叭) 2개로 구성되었다.[19]

---

19)　문지성, 『통영충렬사 '八賜品'에 대한 고찰(上)』, 중국어문학연구회, 2011. 6~12쪽.

팔사품 중 도독인

팔사품 중 곡나팔

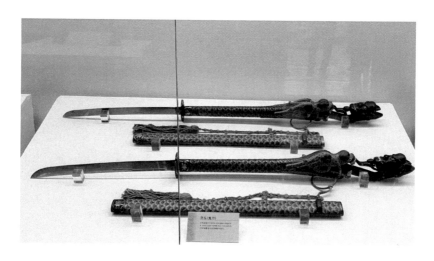

팔사품 중 귀도

① 도독인 1개: 길이 15.1㎝. 손잡이가 달린 장방형의 동
제(銅製) 도장이다. 도장의 함(函)은 뚜껑의 모를 죽인
방형이며 마름모꼴의 손잡이가 있다. 모서리마다 놋
쇠 장식을 두르고 전면에 '皇朝御賜印(황조어사인)'이라
고 썼다.

② 호두령패(虎頭令牌) 2개: 길이 31.8㎝, 너비 30.3㎝. 팔
릉형(八稜形)의 목제로서 한쪽에는 흑칠을 하고 '令(령)'
자를 새긴 다음 붉은색으로 메웠으며, 다른 한쪽에
는 분칠(粉漆)을 하고 '大將(대장)'이라고 썼다. 이 목패
가 들어 있는 녹비(鹿皮) 주머니에는 표범의 머리를 그
려 장식하였으며 역시 녹비로 끈을 만들어 달았다.

③ 귀도(鬼刀) 2자루: 총 길이 137.9㎝, 칼날 길이 83.3㎝.
박달나무로 만든 칼자루에는 용두(龍頭)를, 그 아래에
는 귀두(鬼頭)를 조각하고 모두 붉은 칠을 하였다. 용
두에는 비늘이 표현되었다. 칼집은 오동나무로 만들
고 종이로 싸서 붉은 칠을 한 다음 용의 비늘을 채색
하여 그렸다.

④ 참도(斬刀) 2자루: 길이 180.2㎝. 칼자루는 나무로 만들었으나 상어 껍질로 다시 싸고 붉은 칠을 하였다. 칼집 역시 목제인데 쇠가죽으로 싼 뒤 붉은 칠을 하였으며 은도금한 쇠로 장식하였다.

⑤ 독전기(督戰旗) 2폭(幅): 가로 16㎝, 세로 63㎝, 깃대 길이 178㎝. 남색의 비단 바탕 한가운데에 세로로 '凡軍臨敵不用命 者處斷(범국임적불용명자처단)'이라 쓰고, 그 좌우에는 붉은 비단을 오려내어 독전(督戰) 두 자를 배접한 뒤 실로 꿰매었다. 깃대 머리에는 창(槍)이 꽂혀 있다.

⑥ 홍소령기(紅小令旗) 2폭과 남소령기(藍小令旗) 2폭: 가로 각 62㎝, 세로 각 63㎝, 깃대 길이 각 177㎝, 180㎝. 같은 형식과 수법으로 제작된 두 쌍의 기이다. 다만 홍기는 붉은색의 비단 바탕에 남색 비단으로 '令(령)' 자를 붙였고 남기는 남색 바탕에 홍색의 '令(령)' 자를 붙였다. 깃대 머리에는 창을 꽂았다.

⑦ 곡나팔(曲喇叭) 2개: 길이 218.2㎝, 구경 25.7㎝. 구리
로 만든 이 나팔은 목이 굽은 형태를 취하고 있어 이
와 같은 이름이 붙여졌다. 전체 마디는 네 개이며 한
가운데에 붉은 술이 드리워져 있다.[20]

또 다른 유물 중 충민사의 '유허비'는 1886년(고종 23) 9월
에 충무공 이순신의 10세손이 세운 것이다. 1868년(고종 5)
서원 철폐 시 깨진 비석을 여수향교에서 66년간 단비제(斷
碑祭)를 지내다가 일제강점기 시절 일본인의 조사를 피하
여 충민사 앞뜰에 매장된 후, 1975년 충민사 재건 시 화단
에서 발견되어 현재 복원 전시되고 있다.

---

20) 통영 충렬사 팔사품 일괄(統營忠烈祠八賜品一括: 한국민족문화대백과, 한
국학중앙연구원).

여수 충민사 유허비

통영 충렬사 충렬묘비

통영의 충렬묘비(忠烈廟碑)는 경상남도 유형문화재 제113호로 지정되어 있다. 바깥쪽 삼문(外三門) 동서 6동의 비각 중 동쪽 첫째 비각에 모셔져 있다. 이 비는 충무공 이순신의 전공을 기리기 위해 세워졌다. 비문의 내용은 1614년(광해군 6)에 백사(白沙) 이항복(李恒福)이 왕명으로 지은 것이다. 비문의 끝부분에는 우암(尤庵) 송시열(宋時烈)이 묘비를 세우게 된 경위를 기록하였다. 비석의 위쪽 '통제사 충무이공 충렬묘비명'이라고 쓴 전서체의 글씨는 문곡(文谷) 김수항(金壽恒)이 쓴 것이다. 그리고 비석은 제60대 통제사 민섬이 1681년(숙종 7)에 머릿돌과 거북 받침대를 갖추어 세웠다.

이 묘비는 충무공 이순신 장군이 조선조 최대의 국난인 임진왜란을 맞아 나라와 민족을 지켜낸 민족 영웅이었던 만큼, 비석의 건립에 참여한 인물들 역시 당대의 유명인들이었다. 비문에는 주로 임진왜란 당시 이충무공의 무훈(武勳)과 충절(忠節)에 관한 내용이 담겨있으며, 이 때문에 『임진왜란사』를 연구하는 데 중요한 사료라고 할 수 있다.

사용 무기(武器) 측면

이순신 장군이 개발한 무기는 화포와 거북선을 들 수 있으며, 전략은 판옥선의 선회 특성을 활용한 학익진 및 지형지물을 이용하여 좁은 수로를 틀어막고 물살을 활용했던 점 등 과학적인 접근까지 필요하다.

'이순신 장군' 하면 여러 가지가 떠오르지만, 아주 대표적인 것이 있다. 바로 '거북선'이다. 이는 고려말 조선 초에 왜적을 격퇴하기 위해 제작된 것으로 여겨지며, 기록상으로는 조선 초 문헌에 처음 나타난다. 임진왜란 직전에 이순신(李舜臣) 장군이 창제귀선을 건조하여 왜군에게 큰 타격을 주었고, 세계 최초의 돌격용 철갑전선(鐵甲戰船)으로 평가된다.

현재까지 전해오는 문헌 중에서 '거북선(龜船)'이라는 이름이 처음 나타나는 기록인 『조선왕조실록(朝鮮王朝實錄)』에는 1413년(태종 13) 5월 초에 "왕이 임진강 나루를 지나다가 거북선이 왜선으로 꾸민 배와 싸우는 모습을 보았다."

라고 하였고, 2년 후에는 다시 "거북선이 매우 견고하여 적선이 해치지를 못한다."라고 되어 있으나, 어떤 형태와 규모였는지에 대해서는 자세히 적혀 있지 않아서 알 길이 없다. 그 후 180여 년간 거북선에 관한 기록이 보이지 않다가 이순신 장군의 임진년(1592) 일기인 『난중일기(亂中日記)』 2월 8일 기사에 "거북선에 사용할 돛 베(帆布) 29필을 받다."라는 기록이 있다. 또한 『난중일기』에 따르면 거북선에 비치한 포(砲)를 처음 발사한 날은 임진년(壬辰年: 1592) 3월 27일이며, 처음 해전에 참가한 것은 장계(狀啓)에서 '5월 29일 사천해전(泗川海戰)'이라 기록하고 있다.

남해군 충렬사 앞 거북선

여수시 충민사 전시 화포

임진왜란 때 거북선은 이순신의 고안에 의해서 군관 나대용(羅大用) 등이 실제로 건조한 것으로 알려지고 있다.[21]

바다에서의 승리의 주요 원인 중 하나는 배 위에서 일본과 대등한 전쟁을 가능하게 한 화포(火砲)가 있었기 때문일 것이다. 그 화포들을 총통이라고도 한다. 총통(銃筒)은 화약의 폭발력을 이용하여 각종 화살이나 탄환을 발사하는 병기를 말하는데, 이들 총통은 조선군의 주력 화기로서 궁시와 함께 사용되었다. 임진왜란이 일어날 당시 조선군이 사용하던 화기는 승자총통·차승자총통·대승자총통·중승자총통·소승자총통·별승자총통·소총통·쌍자총통 등의 소화기와 천자총통·지자총통·현자총통·황자총통·별황자총통 등의 대형 화포가 있었다.

이순신 장군 개인 무기 측면에서는 사용한 검과 갑옷 등에 대한 의미도 있을 것이다. 현재 이순신 장군이 사용하던 검은 여러 가지가 있는 것처럼 전시되고 있지만, 일부는 기존 제품을 모사한 모사품임을 감안할 필요가 있다. 특히 당시 해군과 육군의 사용 무기 등에 차이가 있었는

---

21) 제장명, 『거북선의 복원(復元)에 관한 소고』, 순천향대학교 이순신연구소, 2006. 8~15쪽.

데, 다른 충무공 시호 위인들의 성역화 과정에서는 다른 위인의 사례를 검토하는 것이 더 바람직할 수 있을 것이다.

현충사에 소장된 보물 제326호 이충무공(李忠武公) 장검은 조선식 쌍수도(雙手刀)에 속하며 『무예도보통지』에 의해서 "장검, 용검, 평검이라고도 불리며, 칼날의 길이 5척(동호인 1척), 자루 1척 5촌. 7척짜리도 볼 수 있다."라고 정의되어 있다. 이 중 장검 칼자루에는 "석 자의 칼로 하늘에 맹세하니 산하의 색이 변하는도다. 한바탕 휘둘러 쓸어 없애니 강산이 피로 물드는구나(三尺誓天山河動色 一揮掃蕩血染山河)."라고 적혀 있는데, 일본을 물리치겠다는 장군의 의지가 잘 표현되어 있다.

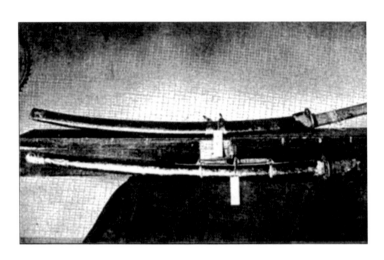

이순신 장군 사용 쌍용검(분실)

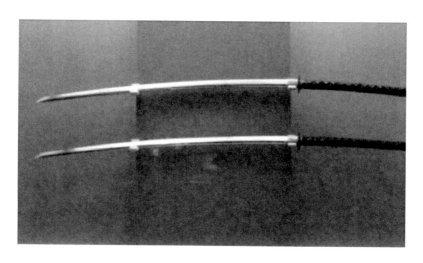

충무공 장검(아산시 현충사)

동상(銅像) 및 영정(影幀) 등
인물 측면

서울 세종로에는 우리나라를 대표하는 두 분의 동상이 있다. 한 분은 세종대왕이시고 다른 한 분은 충무공 이순신 장군이다. 이는 설치 위치와 크기 등을 감안했을 때 우리나라를 대표하는 동상이라고 할 수 있을 것이다.

특히 이순신 장군 동상에 대해서는 관련 조각가 김세중과 함께 여러 가지 문제가 있는 것으로 회자되었다. 이 문제점은 영정과도 밀접한 관련이 있다.[22]

첫째, '이순신 장군은 과연 항복하는 장군의 모습인가?' 하는 지적사항이다. 이 문제의 핵심은 칼을 오른손에 들고 있다는 점이다. 왼손잡이가 아닌 이상 칼을 뽑을 수 없는 모습이고 이는 항복한 장수로 오인될 수 있다는 점이다. 광화문 동상이 아닌 이순신의 다른 동상 혹은 영정 등과

---

22) 이명수 외, 『국회 이순신 장군 동상, 어떻게 바로 세울 것인가』, 대한민국 국회, 2011. 46~47쪽.

비교할 때 잘 이해가 가지 않는 부분이다.

　이당 김은호가 그린 한산도 충무사 영당에 봉안됐던 영정도 주목이 필요하다. 이 그림은 이순신 영정 중 유일하게 갑옷을 입고 있으며, 1977년에 정형모 화백이 그린 그림이 한산도 충무사에 봉안되면서 김 화백의 그림은 국립현대미술관으로 이전된 상태다. 김세중(조각가)은 동상 조성 당시 "갑옷의 모양은 이당 김은호 화백의 이순신 장군 영정을 참조했다."라고 말하고 있다. 그런데 이 영정에서는 칼이 왼손에 들려 있는 것을 확인할 수 있다. "갑옷만을 참조했다."라는 김세중의 진술을 충분히 고려하더라도 왜 이당의 영정과는 다르게 오른손에 칼을 잡은 모습을 표현했는가 하는 것은 의문스럽지 않을 수 없다.

세종로 이순신 장군 동상

충무사 이순신 장군 초상

둘째는 '이순신 장군의 얼굴은 왜 표준 영정과 다른가?' 하는 부분이다.

광화문 동상의 얼굴을 놓고도 지적사항이 많았다. 특히 현충사에 걸려있는 국가 표준 영정과 일치하지 않는다는 비판이 있었다. 이에 김세중 측은 "장군의 실제 모습으로 전해져 오는 영정은 없으며, 1953년 월전 장우성 화백께서 그리신 이충무공의 영정이 1968년 광화문 충무공 동상이 제작된 지 5년 후인 1973년 이순신 장군의 표준 영정으로 지정된 바 있습니다."[23]라고 말했다.

김세중 측의 입장을 정리하자면, 현충사의 이순신 장군 초상이 '표준 영정'이 된 것은 동상이 제작된 지 5년 후인 1973년의 일이므로 참조할 필요가 없었고, 따라서 "표준 영정과 일치하지 않는다."라는 입장이다. 김세중은 조각상을 건립하면서 당시에 존재했던 이순신 장군의 영정 중 아무것도 참조하지 않았다는 것을 스스로 밝힌 것이다.

---

23) 김세중기념사업회 홈페이지에서 인용.

이순신 장군 표준 영정(현충사)

이순신 장군 초상(청전 이상범, 1932년)

이순신 장군 초상(작자 미상, 조선 시대)

갑옷의 고증은 이당의 그림을 참조했다고 밝힌 조각가가 얼굴 부분에 대해서는 어떤 영정도 참조하지 않았다는 점은 무엇을 말하는 것인가? 이것은 '철저한 고증과 연구'를 거치지 않고 본인 임의로 판단했다는 것을 의미한다. 동상, 초상화와 같은 작품은 '작가의 개성'을 억제하고 역사적 고증에 충실하게 이루어져야 하는 작업임이 주지의 사실이다. 당시 유명한 영정들과의 비교 연구도 없이 1973년에야 '표준 영정'이 지정되었기 때문에 참고하지 않았다는 말은 옹색한 변명에 불과하며, 이런 문제를 차단할 수 있는 시스템 구축이 필요하다.

제5장

성역화를 위한 우리의 노력

『역사 속 충무공 위인 이야기』에 대하여 다수의 기존 자료와 현장 답사를 통해 여러 사실을 살펴보았다. 이를 통해 '충무공'이란 시호를 받은 분이 충무공 이순신 장군 외에도 조선 시대에 8명의 위인이 더 있으며, 일부 위인은 성역화라는 말이 무색할 정도로 관리되고 있지 못하다는 것을 확인할 수 있었다.

조선 시대 유학 발전에 이바지한 학자 중 그 업적이 높은 분들은 '문묘(文廟) 18현'으로 명명하여 오늘까지도 성균관과 전국의 향교에 모셔져 그 뜻을 받들고 있다. 이는 조선이 유학과 성리학이라는 정신 가치를 지키고 이를 국가의 바탕으로 하기 위한 신앙과도 같은 의미가 있기 때문일 것이다.

특히 조선 시대는 유교의 국가이며, 학문을 우선하는 시대적 흐름 속에서도 국난(國難) 때마다 나라를 위기에서 구해낸 훌륭한 무인들이 초개(草芥)와 같이 목숨을 바쳤기 때문에 역사는 지속될 수 있었다. 물론 그 희생된 많은 사람을 다 기억하기는 어려운 것이 현실이다. 그러나 국가의 운명이 바람 앞의 등불과 같을 때 나라를 위해 싸운 무신(武臣)들에 대한 성역화는 모자람이 너무 많다.

위기의 국가를 구해 낸 '충무공' 시호 9명 중 4명이 충청권에서 성역화가 가능하다. 그 인물들은 충무공 이순신(충남 아산), 김시민(충남 천안/충북 괴산), 이수일(충북 충주/음성), 정충신(충남 서산) 장군이다. 그 성역화 방법 역시 우리나라의 대표 위인인 이순신 장군을 통해 설명될 수 있다.

충무공 이순신 장군 성역화 과정에서도 국가의 다양한 지원과 함께 유림과 주민들 그리고 후손들의 끊임없는 노력이 있었음을 확인할 수 있었다. 그중 여수 충민사의 경우 서원 철폐령에 따라 훼철 후 지역의 유림과 주민들의 노력으로 다시 설립되는 과정과 일제강점기(日帝强占期)와 그 이후 다시 충민사의 기능을 구축해 가는 과정에서 많은 노력이 있었다는 것을 확인하였다.

현재 이순신 장군을 모시는 사당의 주체 역시 지역 유림과 뜻이 있는 주민들, 최근에는 지자체장, 관할 경찰서 관계자 등 지역 유력인사들이 참여하는 형태로 유지되고 있는 것을 확인할 수 있었다.

하지만 최근 핵가족화 및 고령화, 혈연관계 의식의 약화 등으로 인해 위인들에 대한 향후 성역화 방향에 대한 심도 있는 정책적 접근이 필요하다.

이번 글을 쓰며 기존 유림 및 지역 주민, 지역의 유력인사와 함께 사당 인근의 대학 및 대학의 학군단, 지역 초·중·고등학교 그리고 인근 군부대 등이 자매결연 형태로 사당의 기념일과 제사 등에 참여할 수 있도록 하여 성역화의 지속가능성을 확보할 필요가 있음을 제안하고자 한다.

충무공 이순신 장군의 경우 성역화를 위한 아주 다양한 소재가 넘쳐난다. 하지만 다른 충무공 시호 위인의 경우 많은 것이 부족하다. 이를 해결하기 위해서는 위인을 기릴 수 있는 영정이나 동상, 기념관에 비치할 유물 등의 확보가 필요한 실정이다.

이런 부분은 본 글에서 확인한 사례에서도 볼 수 있듯이 고증을 통해 객관화된 유물을 확보할 필요가 있다. 이순신 장군의 서울 세종로 동상에서도 문제가 지적된 것처럼 조각가나 역사학자의 개인적 편견이 아닌, 전문가들과 함께 고증을 통하여 누구나 수긍할 수 있는 객관화 과정이 필요하다. '철저한 고증과 연구'를 거치지 않고 본인 임의로 판단하는 실수가 없도록 관리되어야 할 것이다.

동상, 초상화와 같은 작품은 '작가의 개성'을 억제하고 역사적 고증에 충실하게 이루어져야 하는 작업임이 주지의 사실이며, 이와 같은 작품은 성역화의 초석과도 같은 역할을 할 것이다. 특히 사용한 무기 등의 유물 제작 등에서도 이순신 장군의 경우는 해군이라는 특수성이 있지만, 그 외 대부분의 충무공 시호 위인들은 육군으로 다른 시호를 받은 위인들을 참고하여 관람객들이 수긍할 수 있는 복제품 또는 복원을 통해 재구성할 필요가 있을 것이다.

우리 역사 속에서 나라를 위해 싸우신 위인에 대한 숭고한 정신과 그 뜻은 현재 세대의 정신력 강화 및 나라 사랑 교육으로 전승되어야 할 것이다. 지금까지 살펴본 충무공 시호를 받으신 위인분들은 본인의 목숨보다 우리나라를 사랑하신 분들이다. 이를 후대에 연결하는 방법이 바로 그 분들의 성역화를 추진하는 핵심이 아닌가 생각된다.

참고 문헌

1. 이성무, 『조선양반사회연구』, 일조각, 1995.

2. 이성무, 『한국의 과거제도』, 집문당, 1994.

3. 윤훈표, 『조선초기 무과제도 연구』, 학림, 1987.

4. 리우창, 『조선왕조에서 신하에게 시호를 내리는 제도에 대하여』, 연민학지, 2014.

5. 김종대, 『여해 이순신』, 예담, 2008.

6. 김영숙, 『충무공 이순신 연구』, 경희대학교, 1993.

7. 이해준 외, 『호국의 영웅 김시민 장군』, 천안문화원, 2004.

8. 방기홍, 『역사에 이름을 남긴 무인들 : 정충신』, 국방부, 1985.

9. 김대현, 『여수 충민사의 건립경위 및 연대에 관한 재고찰』, 순천향대학교 이순신연구소, 2014.

10. 홍순승, 『현충사의 건립과 변화과정에 대한 연구』, 순천향대학교 이순신연구소, 2008.

11. 장경희, 『보물 제440호 충렬사 팔사품 연구』, 역사민속학, 2014.

12. 문지성, 『통영충렬사 '八賜品'에 대한 고찰(上)』, 중국어문학연구회, 2011.

13. 제장명, 『거북선의 복원(復元)에 관한 소고』, 순천향대학교 이순신연구소, 2006.

본문 요약

'충무공((忠武公)'이란 시호(諡號)가 이순신 장군 이외에 조선 시대 8명이 더 있었으며, 일부 위인(偉人)은 성역화(聖域化)라는 말이 무색할 정도로 관리되지 않는 것을 확인할 수 있었다.

조선 시대 국가를 구해 낸 무인(武人) 중 '충무공' 시호를 받은 사람은 9명이 있었고 이 중 4명이 충청권에서 성역화가 가능하다. 그 인물은 충무공 이순신(충남 아산), 김시민(충남 천안/충북 괴산), 이수일(충북 충주/음성), 정충신(충남 서산) 장군이다. 그 성역화 방법 역시 우리나라의 대표적인 위인인 충무공 이순신 장군을 통해 고찰해 볼 수 있을 것이다.

충무공 이순신 장군 성역화 과정에서도 국가의 지원과 함께 유림과 주민들 그리고 후손들의 끊임없는 노력이 있었음을 확인할 수 있었다.

현재 이순신 장군을 모시는 주요 사당(祠堂)의 관리 주체 역시 지역 유림과 뜻이 있는 주민들 그리고 지역 유력인사들이 참여하는 형태로 운영되고 있는 것을 알 수 있었다. 하지만 향후 위인의 성역화 방향에 대한 심도 있는 정책적 접근이 필요한 부분이다. 본 연구자는 기존 참여 인사들 이외에 사당 인근 지역의 대학 및 대학의 학군단, 지역 초·중·고등학교, 그리고 인근 군부대 등이 자매결연(姉妹結緣) 형태로 기념일과 제사 등에 참여하여 지속가능성을 확보할 필요가 있다고 제안한다.

충무공 이순신 장군의 경우, 성역화를 위한 아주 다양한 소재가 넘쳐난다. 하지만 다른 충무공 시호 위인의 경우 너무 부족한 상태이다. 이를 해결하기 위해서는 위인을 기릴 수 있는 영정(影幀)이나 동상, 기념관에 비치할 유물 등의 확보가 필요한 실정이며, 이 과정에서 '철저한 고증과 연구'를 거쳐 실수가 없도록 관리될 수 있는 시스템 구축이 필요하다.

Text summary

This study discovered that there were eight other people who were given the posthumous epithet ChoongMooGong during the Joseon Dynasty period, other than admiral Lee Soon-sin. However, the sanctuaries for some of those eight ChoongMooGong are not well-managed, to the extent that they can hardly be seen as sanctuaries.

A total of nine military officials who saved Joseon were given the posthumous epithet "ChoongMoo-Gong" and sanctuaries can be established for four of them in the Chung-Chong Region: ChoongMooGong Lee Soon-sin(Chungnam Asan), Kim Si-min(Chungnam Cheonan/Chungbuk Goesan), Lee Su-il(Chungbuk Chungju/

Eumseong), and Jeong Chung-sin (Chungnam Seosan).
Ways to establish sanctuaries for them can be studied
on the basis of the example of Admiral ChoongMoo-
Gong Lee Soon-sin.

In the establishment of the sanctuary for Admiral
ChoongMooGong Lee Soon-sin, the government pro-
vided support, while Confucianists, local residents,
and descendants made great efforts.

The shrine of Admiral Lee Soon-sin is currently
managed by local Confucianists and residents, with
active participation of the local influential people.

However, a more in-depth policy approach to
establishing sanctuaries for great men is necessary for
the future. I suggest that other than the existing man-
aging organizations, colleges and their ROTCs, ele-
mentary/middle/high schools, and military bases in
the region where sanctuaries are located should col-
laborate to take part in events celebrating anniversa-
ries and memorial services of the sanctuaries, for the

purpose of their sustenance.

Many them and topics can be utilized for the sanctuary of ChoongMooGong Admiral Lee Soon-Sin. However, these are lacking for other great men who were given the same posthumous epithetas Lee. In order to resolve this issue, portraits, statues, or artifacts of those people need to be obtained for exhibition in memorial halls. In the process, a system that guarantees proper management based on exhaustive historical investigation and research needs to be established.